파도

파도

초판 1쇄 발행 2023년 11월 22일

지은이 김웅길
펴낸이 장길수
펴낸곳 지식과감성#
출판등록 제2012-000081호

교정 정은솔
디자인 오정은
편집 오정은
검수 이주연, 정윤솔
마케팅 김윤길

주소 서울시 금천구 벚꽃로298 대륭포스트타워6차 1212호
전화 070-4651-3730~4
팩스 070-4325-7006
이메일 ksbookup@naver.com
홈페이지 www.knsbookup.com

ISBN 979-11-392-1428-4(03810)
값 15,000원

• 이 책의 판권은 지은이에게 있습니다.
• 이 책 내용의 전부 또는 일부를 재사용하려면 반드시 지은이의 서면 동의를 받아야 합니다.
• 잘못된 책은 구입하신 곳에서 바꾸어 드립니다.

지식과감성#
홈페이지 바로가기

김응길 제9시집

파 도

파도 그 새로움

牛山 응길

"사르르, 드르륵, 쏴아아, 철썩……."
파도 소리를 듣고 있습니다.
언어로 표현하기 참 힘든 파도 소리
장소에 따라, 시간에 따라, 강약에 따라
그리고 마음에 따라 잘도 맞추며
소리 내며 흔들리는 파도
그 파도와 한참이나 동행했습니다.

넓은 바다에 바람이 일어
파도가 생기고
잔잔하기도 하고
성내기도 하고
밀려왔다 쓸려갔다 되풀이하는 것 같지만
밀려올 때마다 새로움을 가지고 오고
쓸려갈 때마다 무엇인가 나르기도 하고
잔물결들이 만들어 놓은 모래톱의 주름살들을 지우기도 하고
성내어 울부짖기도 하고…….
쉬지 않고 열심히 일하고 있습니다.

우리네 삶도 넓은 세상에서 살아가며

바람이 일어 파도가 생기고

그 파도를 극복하며

사랑하고

미워하고

잊어버리기도 하고

무관심하기도 하고

나누기도 하고

감추기도 하며

나이 들어 가는 것이겠지요.

아무리 강한 파도가 몰아쳐도 이겨 내는

작은 모래알과 조약돌

그리고 살아 움직이는 모든 것들을

제9집 120편의 시로 파도에 실어 보냅니다.

2023년 세모歲暮에

부여 백마강 변에서 牛山 **웅길**

그 파도

먼 바다에서부터
뭍에 이르기까지
그 파도는 얼마나 부서지고
또 얼마나 흔들렸을까

밀어 대는 파도와
힘 겨루며
도착한 곳에서
그 파도는 행복해할까

허연 물거품으로
가뭇없이 사라지며
나를 기억이나 할까
그 파도는 무엇이 남아 있을까

목차

파도 그 새로움
그 파도

제1부 파도 _ 밀려옴

봄까치꽃	16
부부夫婦 1	17
하루의 끝은 행복입니다	18
전념하기	19
휴식休息	21
사랑 나누기 1	22
밥상	23
믿음	24
강 마을 소곡	25
유전	26
엄마는 다 그래	27
작은 섬	28
마음 길	29
살아 있는 것	30
무지개	31
손주	32
당연한 일	33
소환召喚	34
파도	35
눈물을 흘리자	36

제2부 파도 _ 머뭄

팔푼이	40
땅거미	41
부부夫婦 2	42
느티나무	43
수채화	44
거리두기	45
독백獨白	46
변심變心	47
숲	48
변명辨明	49
뭘 걱정해	50
아들에게	52
보상	53
괜찮아 모두	54
일탈逸脫	55
비결	56
그렇군요	57
구월에	58
강 마을의 아침	60
선생님	62

제3부 파도 _ 쓸려감

사랑하다 돌아가자 ········· 66
그리움 한 줌 ············· 67
마음心 ················· 68
꽃잎 ·················· 69
길 ··················· 70
모순矛盾 ················ 71
옳은 소리 ··············· 72
언제까지나 ············· 74
있을 때 쓰자 ············· 75
이제는 ················ 76
삶의 의미 ·············· 77
덤 ··················· 78
어느 만남 ·············· 80
역행逆行 ················ 82
맞춰 가는 길 ············· 83
격려激勵 ················ 84
기다림 ················ 85
우두머리 ··············· 86
유례없는 것들 ··········· 87
미안해요 ··············· 88

제4부 파도 _ 흔들림

굳이 ················· 92
비밀 ················· 93
박물관에서 ············· 94
책 한 권 ··············· 95
오늘을 살며 ············· 96
다잡기 ················ 97
시작을 위하여 ··········· 98
부지런한 사람들 ········· 99
사랑 나누기 2 ··········· 100
정답正答 ··············· 101
어려운 일 ············· 102
토닥토닥 ·············· 104
비 오는 날 ············· 105
어쩌면 ··············· 106
시인詩人이여 ············ 108
나무 한 그루 ··········· 109
힘들지 ··············· 110
향유享有 ··············· 112
나에게 너는 ··········· 113
자석 ················ 114

제5부 파도 _ **부서짐**

잊는다는 것 …… 118
존경尊敬 …… 119
기적奇跡 …… 120
집 …… 122
거짓말 …… 123
부여인이여 …… 124
정부政府 …… 125
늦깎이 …… 126
지하철 안에서 …… 127
머문다는 것 …… 128
꽃잎의 노래 …… 130
수국水菊에게 …… 131
홀로서기 …… 132
성공한 사람 …… 133
아름다움에 대하여 …… 134
알고 있니 …… 135
사랑은 산이다 …… 136
사는 일 …… 137
어느 소녀에게 …… 138
마지막 소원 …… 140

제6부 파도 _ **사라짐**

슬픔 그리고 잊음 …… 144
꼰대 …… 145
어린이 놀이터 …… 146
여인숙旅人宿 …… 147
비상구 …… 148
돈 …… 149
한국인 …… 150
비밀秘密 …… 152
돌탑 …… 154
오늘을 살며 …… 155
돌아가는 거야 …… 156
늙음 …… 157
무서운 세상 …… 158
타향살이 …… 159
나이 먹음 …… 160
혼魂 …… 161
지금 할 일 …… 162
구관조 …… 163
문門 …… 164
혼자 있어 봐 …… 165

제1부 파도 _ **밀려옴**

봄까치꽃

고 작은 봄까치꽃이
요로코롬 예쁜 까닭은
겨울을 이겨 내고
가장 먼저 전하는
봄소식 때문이겠지

겨울을 이겨 낸 보상으로
눈길을 주는 걸
너무 자만하지 마
별것 아닌 화려함으로
유혹하려고 하지도 말고

처음은 슬플 때가 많아
부족하면 부족한 대로
제 모습 그대로
감추어 꾸밀 필요 없이
일찍 알리기만 하면 돼

부부夫婦 1

앞으로 가
하나 둘 셋 넷
속도가 같다
방향도 같고
자세히 보니
내딛는 발이 다르다
너는 왼발 나는 오른발
그런데 마주 보면 같다.

하루의 끝은 행복입니다

불치병에 걸린 소녀가
기적을 믿지 않는다 해도
상처받은 연인이 끝내
사랑을 이룰 수 없다고 해도
처절하게 무너진 사업가가
재기의 열정을 잃었다고 해도
모든 하루의 끝은 행복입니다.

흔하디흔한
매일매일의 하루가
단 하나밖에 없는
특별한 하루였다는
난이도 높은 문제를 풀어내면
모든 것을 가지고 오기도 하고
빼앗아 가기도 하는
하루의 끝은 행복입니다.

전념하기

처음엔
당신을 무시할 거야
이겨 낼 수 있겠니
오늘을 살면 되는 거야

다음엔
당신을 비웃을 거야
많이 슬프겠지
그래도 참을 수 있겠지

그다음엔
맞서서 싸워야 할 거야
일관된 믿음을 같고
꾸준히 할 수 있겠지

마지막에서야
당신은 승리할 거야

아픔의 크기만큼
믿음을 가지게 되겠지

시간의 장난 속에서
방향을 잃지 말아야 해
조바심 부리지 말고
힘들겠지만 할 수 있지

휴식休息

어쩜 이런 생각을 다 하고
나는 참 멋져
늦지 않아 참 다행이야

일은 언제든지
다시 시작할 수 있지만
휴식은 때가 있는 거야

나무에 꽃이 피고
잎이 나고 낙엽이 지고
이 기적의 순환

잊고 살았던 것들로
내 안의 연료를 채우면
힘차게 다시 뛸 수 있겠지

사랑 나누기 1

내가 나를
사랑하는 거
어렵지 않아

나에게 내가
멋진 옷을 입혀 주듯
지식 한 줌 채워 주고

나에게 내가
맛난 것 먹여 주듯
휴식의 여유도 쥐어 주고

그래 그렇게
나를 사랑하는 게
사랑을 나누는 거야

밥상

네모와 동그라미가
각기 다른 꿈을 꾸며
놀고 있는 밥상

자기만의 맛을 담고
옹기종기 모여 있는
크고 작은 행복

네모반듯한 도화지에
동그라미로 그려 내는
아내의 수채화

믿음

비가 많이 오고 있어
흙탕물로 변한 강물이
무섭게 넘실대며
흘러가고 있어

비가 멎고
기다림의 시간이 지나면
다시 고요함 속에
맑은 강물이 되겠지

분주한 내 마음도
숨 고르기 하다 보면
기다림에 익숙해지고
다시금 해맑아지겠지

강 마을 소곡

강줄기 포대기로

앞산을 등에 업고

윤슬에 박자 맞춰

흔들흔들 어르며 걷고 있는

팔월의 풀밭

유전

너희들 안에
숨겨져 있다가
불쑥 비져나오는
내 모습을
많이 본단다.

너희들이
엄마한테서
더 많은 것을
물려받아서
참 다행이다.

엄마는 다 그래

맛난 음식 잘 차려
함께 먹으며
즐겁게 나눌 수 있는
멋진 주제가
산더미처럼 많은데도
꼭 찔러 쑤셔 대는 엄마

앉으려다 말고
자리 박차고 일어날 것을
뻔히 알면서도
꼭 찌르는 바보
뒤통수에 대고
밥 먹고 가라 불러 대는 엄마

작은 섬

사람은
바다 위에 떠 있는
작은 섬

바람아
아무리 흔들어 봐라
꿈쩍이나 하나

파도야
힘차게 때려 봐라
노래를 멈추나

마음 길

놀라운 것들이
참 많은
우리네 세상

오름과 내림의
해와 달
그리고 별들

자람과 피움의
아가와 꽃
그리고 생각들

살며시 손잡는 마음
나와 너
그리고 우리들

살아 있는 것

와우
무지개가 떴네

어쩜
이리도 예쁠까

살아 있었구나
감성이

무지개

함께 어울려
잘 살고 있는

빨주노초파남보
그래서 아름다운가 보다

나누지 않고
함께여서

손주

좁은 의자에 앉아 있는
두 사람 사이를 비집고
손주가 파고들었다.

사랑스럽다
내어 줄 자리가
많이 남았다.

당연한 일

세상에 평등이 있을 수 있겠니
선천적이든 후천적이든
자신의 선택과는 상관없이
인생은 기울어진 운동장에서
경기를 해야 하는 거야

운동의 종류에 따라
시간과 장소에 따라
놀이 기구 시소가 되어
높은 곳과 낮은 곳을
오르락내리락하는 거지

어쩌면 올라간 시간이
조금 더 많고 적을 순 있겠지만
크게 보면 다 비슷해
그냥 지금 여기서 감사하며 살아
여행 끝나는 날까지 함께

소환召喚

풀밭으로 변한 집터
유리구슬 한 개가
햇살에 반짝이며
소환장을 내민다

요렇게 작은 것이
반백을 떼어 버리고
끌어 올리는
따사로운 그리움

그때 튼튼했으니까
지금도 잘 지내고 있겠지
언제나 씩씩했으니까
아마도 그렇겠지

파도

잔물결이 모래톱에
주름을 만들면
파도가 밀려와
지우고 간다

세파가 만든
당신의 주름살을
행복이 밀려와
지울 수 있다면

과거를 바꿀 순 없어도
좋아하는 색으로
곱게 덧칠하여
마무리할 수 있을 텐데

눈물을 흘리자

눈물을 흘린다는 건
아름다운 것
슬픔이나 아픔
삶의 회한悔恨이나
가식假飾의 눈물마저도
마음의 골짜기가
살아 숨 쉬고 있다는 것

그대여
악다구니 쓰지 말고
입을 닫고 눈물을 흘려 보라
그 얼마나 아름다운 모습인가
젖을 빠는 아이에서부터
병상을 지키는 노인네까지
침묵의 눈물로 말을 하자

제2부 파도 _ **머묾**

팔푼이

반기지도 않는데
먼저 소식을 전하는 네게
왜 전화했어
그냥

고마워하지도 않는데
먼저 계산을 하는 네게
왜 네가 계산해
그냥

그런 네가
곁에 있는 게
마냥 행복해
그냥

땅거미

산자락에 기댄
어스름 쫓아내며
빠르게 기어 오는 땅거미

가로등 불빛에 사라질
어둠의 전령
숭고한 낮과 밤의 획

오늘도 일기장에
이렇게 쓴다
참 잘 살았다.

부부夫婦 2

너하고 나는
달라도 너무 달라
맞는 게 하나도 없어
그래도 참 멋진 사이야

너무 달라서
부딪칠 것이 없어
함께 놓여 하나가 된
너와 나는 따로국밥

느티나무

요동치는 세상에서
지치고 힘들 땐
그대여
아스라이 멀어져 간
나를 찾아와

고향 마을 어귀에서
다정다감한 옛이야기
바람결에 풀어내며
언젠가 돌아올
널 기다리고 있을게

힘들어하지도 말고
외로워하지도 말아요
눈에 보이지 않는 뿌리로
빈터를 채우며
지키고 있을게

수채화

물안개 커튼이
아침을 여는
강 마을

물오리들의
서두를 것 없는
먹이 사냥

함초롬한 풀잎마다
또르르 구르는
아침 이슬

콧노래 부르며
산책길에 나선
참새들

거리두기

너무 바짝 붙지 마
답답하잖아
아무것도 보이지 않아
한 발만 물러서 봐

머리부터 발끝까지
네 모습 전부를
내 눈 속에
담을 수 있을 때까지

바람결에 춤추는
아름다운 머릿결과
다정한 눈빛이 말하는
사랑 이야기를 들을 수 있잖아

적당한 사이는
사랑을 심고
행복을 거두는
두 사람의 텃밭이야

독백獨白

넌 좋은 사람이야
너 자신을 칭찬해도 돼
그럴 자격 충분해
고개 들고 웃어 봐

지켜보고 있었구나
기다려 줘서 고마워
그래서 지금
난 괜찮아

변심變心

삶의 여정에서

어떤 나이에 살고 있든지

어떤 상황에 처해 있든지

어떤 잘못을 저질렀든지

당신의 미래는

언제나 변할 수 있는

아무 흠집이 없는 새것이야

숲

움직이는 것이든
멈추어 있는 것이든
큰 것이든 작은 것이든
강한 것이든 약한 것이든
각자의 바람 소리로
어울려 놀고 있는
그대 숲이여

나뭇잎 사이로 스며드는
햇살과 바람 속에서
생존에 필요한 만큼만
거두고 나누며
침묵으로 순응하는
위대한 스승
그대 숲이여

변명辨明

들녘의 풀들이
이겨 내기 버거운
비가 옵니다.

피하지 않고
대지에 납작 누워
항거하고 있습니다.

아 나는
우산 속에서
바라만 봅니다.

뭘 걱정해

잘못을 했다
점장에게 꾸지람 듣고
구석에 앉아 울었다
이럴 때 듣고 싶은 말
엄마가 있는데
뭘 걱정해

바람이 심하다
번쩍이며 번개 치고
무섭게 비가 쏟아진다
이럴 때 듣고 싶은 말
아빠가 있는데
뭘 걱정해

괜찮다
모두 괜찮다
잘못해도 용서되고

무서울 게 없다
엄마 아빠가 지키는데
뭘 걱정해

아들에게

너는 나에게
특별한 것을 해 주지 않고
그냥 거기에
있어 주기만 해도
얼굴엔 미소가
마음엔 평화가
한가득 피어올랐어

너를 바라보노라면
불안한 미래에 대한
두려움이 사라지고
새로운 의미로 가득 찬
꿈이 만들어졌지
지금도 마찬가지야
내일도 그럴 거고

보상

물길을 막으면 넘치듯
마음 길도 막으면
약한 곳으로 넘칠 거야
아프게 흐르겠지

괜찮지 않은데
괜찮은 척했던
수많은 날들이
그려 놓은 주름살

이제는 가면을 벗고
나답게 살아도 괜찮아
습관이 힘들게 가로막지만
조금 더 살아가야 하니까

괜찮아 모두

천천히 시작해도
괜찮아 모두

편안한 속도에 기대도
괜찮아 모두

부담 가는 일은 하지 마
괜찮아 모두

예민하게 경쟁하지 않아도
괜찮아 모두

괜찮아 모두
지치지 말고 꾸준하게

일탈逸脫

때로는
길을 잃은 척
생뚱맞게 살아 봐

조금 더 돌아가는 길에서
새로운 기쁨을
마주할 수 있어

비결

불행의 시작
그것은
기준이나 표준을 정해 놓고
강제로 구겨 넣은
마음 탓이려니

행복의 시작
그것은
기준이나 표준을 모르고
오늘만 살아가는
똑똑한 바보면 돼

그렇군요

왜 그렇게 찾아 헤매나요
매일매일이
가장 행복한 순간입니다.

이른 아침에
눈을 뜬다는 건
새 생명이 탄생하는 것입니다.

하루를 살며
손전화기의 노래를 들을 수 있는 건
커다란 사건입니다.

저녁노을을 바라보며
일기를 쓸 수 있는 건
역사적인 일입니다.

하루에게 안녕하며
눈을 감을 수 있는 건
아 그것은 사랑입니다.

구월에

도무지 끝날 것 같지 않던
길고 긴 장마도
달력 한 장 넘기기 전에
무더위와 손잡고
떠나 버렸어 너무나 쉽게

일찌감치 손 놓고 유영하는
빠른 선택들에게
의미를 심으며
미소를 보내는 것도
행복을 심는 일이고

떠나는 것들이
슬프지 않은 까닭은
기다릴 시간이
내게 남아 있고
다시 시작할 수 있어서야

순응을 위한 아픔들이
익숙함의 가면을 쓰고
무뎌짐을 만들어 낼 때
팔월과 시월 사이에서
이삭을 밀어내는 구월이여

강 마을의 아침

물안개에
얼굴까지 묻고
늦잠 자고 있는
강 마을

자맥질하며
먹이 사냥하고 있는
부지런한
물오리 가족

함초롬히
머금고 있는
풀잎의
이슬방울

파르르 떨며
꿈나라 여행하는

귀뚜라미 형제의
가는 숨소리

어느 것 하나
버리지 않고
곱게 채색하여
그리는 수채화

선생님

다 아는 이야기 하나 할까
쌀이 밥이 되기 위해선
더러움을 씻어 내야 하고
끓어오르는 분노를
참아 내는 시간도 필요하고
담을 그릇도 있어야겠지

숨겨진 이야기 하나 할까
쌀이 밥이 되기 위해선
손길이 필요한 거야
씻어 내고 다독이며
넘치지 않게 조절하는
그런 사랑이 필요한 거야

제3부 파도 _ **쓸려감**

사랑하다 돌아가자

세상의 모든 슬픔은
여행 끝내고 돌아가는 길에
버리지 못한
잔상殘像 같은 것

아쉬움에 싹튼
그리움들이
눈물을 만들며
어리광 부릴 때도 있지만

돌고 도는 지구 위에서
내가 할 일은
오늘은 살며
너를 사랑하는 것

그리움 한 줌

유리병 크기만 한 그리움을
정해진 시간에 비워 내고
멈춘 지 오래
모래시계 넌 참 좋겠다

오늘처럼 비 오는 날이나
가늘게 눈발 날리는 날에나
어쩌다 한 번
찾아오던 숨겨진 그리움

너무 오래 간직하고 있었을까
입김만 불어도
쉽게 뒤집어지는
마음의 모래시계

마음心

한참이나 들여다보았어
들고 나는 바다

여울에 실려
오고 가는 것들

부유하는 모든 것들의
뭍에 대한 간절함

그리하여 끝내
심연深淵 기대고 마는

※ 심연(深淵): 마음이나 의식 속의 깊은 곳을 비유적으로 이르는 말

꽃잎

너 그거 아니
꽃잎이 마지막으로
자존심을 지키는 일은
온전히 바람결에
내맡겨야 한다는 걸

너 그거 아니
뒤돌아보지도 않고
어쭙잖은 머뭇거림도 없이
툴툴 털고 유영하는
꽃잎들의 반란을

길

완벽한 미래를 설계하며
머뭇거리는 그대여

알지 못하는 것들을
미리 걱정할 필요는 없잖아

본능과 신념의 목소리에
귀 기울이며 가 보는 거야

감춰진 곳을 알고 있다면
보물이 아니잖아

모순矛盾

모든 것이
다 최적이면
어떤 것도
특별히 뛰어날 수 없잖아

모든 것이
다 행복이면
어떤 것도
특별히 기쁠 수 없잖아

옳은 소리

자주 가는 카페에
낯선 손님들이 모여
듣기 싫어도 들리게
높은 톤의 대화를 하고 있습니다.

나이 먹는 건
늙어 가는 것이 아니고
익어 가는 것이라고
멋지게 익어 가자고

익어 가는 것은
가장 먹기 좋을 때
가장 보기 좋을 때
탐내어 갖고 싶을 때이지요.

목구멍으로 말을 삼키며
중년인 나도 그대도

익어 가는 것이 아니라
썩어 가는 것이지요.

냄새는 얼마나 풍기며
어디부터 썩어 갈지
매일매일이 두려워
침묵부터 배웁니다.

언제까지나

해마다
계절은 반복되는 걸
왜 잊었을까

이렇게
봄은 다시 왔는데
나이는 아무것도 아니야

생각하는 대로
다시
봄처럼 살면 되잖아

있을 때 쓰자

시간도 돈도
모이는 건 없다
아까워하지 말고
있을 때 쓰자

구름이 저절로
빈 하늘을 채우고
바람결에 떠밀려
가뭇없이 사라지듯

쉬지 않고 돌고 도는
지구별 시계 돈 그리고
인연들에게 기분 내며
있을 때 쓰자

이제는

새로움을 찾아
옮겨 다니기보다는
익숙한 것들에게서
경이로움을 찾아내야 해

그대로 되풀이되는 건 없어
들녘의 풀들이 조금 더
단단해지며 가을을 맞이하듯
마음도 경화硬化되고 있는 거지

삶의 의미

사랑받는 것보다
사랑하는 것이
가슴 뿌듯한 행복입니다.

사랑이 옹달샘처럼
샘솟는 사람의 삶은
얼마나 신선할까요.

사랑을 받아들이는
그 무엇이 있다는 것
살아가는 의미입니다.

덤

바다를 보러 간다
잔잔하면 어떻고
파도치면 어떠리
그곳에 있기만 하면 된다.

갈매기의 하얀 날개와
바쁘게 출발하는
조각배의 고동 소리는
덤으로 얻었다.

너를 만나러 간다
늙었으면 어떻고
아파하면 어떠리
살아 있기만 하면 된다.

다정한 눈빛과
따뜻한 체온의

인생 이야기들은
덤으로 얻었다.

어느 만남

슬픔과 기쁨의 감정조차
감추는 데 익숙해져
끝내는 메말라 버린다면
얼마나 삭막할까요

슬플 때나 기쁠 때나
온몸 흔들어 대는
아이의 모습은
얼마나 사랑스러울까요

슬프면 슬픈 대로
기쁘면 기쁜 대로
얼굴에 담고 가는 삶은
얼마나 즐거울까요

슬픔도 기쁨도
주름살로 감출 필요 없어요

시간이 데려가기 전에
꺼내고 살아요

역행逆行

한밤중에 일어나
커튼을 연다
아무것도 보이지 않는다
조용하고 시원하다

햇살 좋은 한낮
커튼을 닫는다
만드는 어둠이 참 좋다
세상이 편하다

맞춰 가는 길

바람과 햇살에 맞춰 가며
뿌리를 뻗고
가지를 벌려
꽃 피우는 나무

서로 다름을 맞춰 가며
몸과 마음의
모난 곳 갈아 내고
울타리를 만들어 가는 부부

격려激勵

말장난으로 가득 찬
수수께끼 같은 인생
깊이 생각하면 할수록
찾을 수 없는 정답

쉽게 생각하는 거야
지금 여기서 함께
해답은 찾지 않아도
저절로 알게 돼

기다림

추운 날씨에
꽃을 피우지 않는다고
조바심 내는 바보들이 참 많아

겨울에 꽃을 볼 수 있는 건
시설 좋은 곳에서
양육된 것들이지

어찌 되었건
꽃 피우면
시들거나 떨구는 건데 뭐

넌 제때 피워 내 봐
스스로 피워야
향기도 오래가는 거야

우두머리

세상이 뒤집히면
우두머리도 꼴찌가 되어야지
그런데 말이야
여전히 우두머리는
우두머리가 되고
꼴찌는 꼴찌로 살아
왜 그런지 참 이상해

나라를 빼앗겼을 때도
전쟁이 일어났을 때도
정권이 바뀌었을 때도
교활한 충성심으로
지켜 내는 그 자리
참 대단하지
지금도 내일도 그렇겠지

유례없는 것들

한 해에 쏟아질 비가
하루 만에 쏟아지고
가뭄과 폭염에 허덕이고
산불이 무섭게 번지고
빙하가 녹아 흐르는
유례없는 것들의 반란

아기의 울음소리가
사라져 버린 마을과 마을
희망 없는 미래를 포기하고
오늘을 즐기는 신인류의 등장
아우성치며 난무하는
혼탁한 강물이여

미안해요

도심의 카페에 앉아
사람들이 오고 가는
모습을 보고 있습니다.

입은 옷도 다르고
신발도 다르고
걷는 모습이 모두 다릅니다.

그런데 같은 것이 있네요
모두 사람입니다
사람은 원래 다른가 봅니다.

내 생각의 잣대로
구겨 넣은 그대를
꺼내어 보내 줍니다.

제4부 파도 _ **흔들림**

굳이

한 그릇의 짬뽕을 위해
한 시간을 운전했는데
재료가 소진되어
문 닫은 가게 앞에서
떠오르는 망설임

바리바리 준비하여
별 마중 간 밤
텐트 안에서 빗소리 들으며
휴대폰만 만지작거리던
여름밤의 긴 한숨

비밀

껄끄러운 관계를
어떻게 하냐고
모두 사랑하면
만남이 즐거워져

모두 어떻게
사랑할 수 있냐고
그건 말이야
자신부터 사랑해 봐

내가 나를 사랑하는데
누가 뭐라고 하겠어
사랑하기 바빠서
타인은 신경 쓰지 못해

박물관에서

세월을 이긴 보상으로
허공을 담고
진열대 위에서 거드름 피우는
청자 그리고 백자

짜디짠 간장과
케케묵은 된장을 담고
두루뭉술 살아가는
질그릇 항아리

태생은 같은데
사는 것이 이리도 다를까
깨어지면 같아질까
인간의 죽음처럼

책 한 권

책 한 권 샀습니다
겉만 보아도
어떤 책인지
대충은 알 수 있어서
편안하게 선택했습니다

그렇습니다
대화를 해 보지 않고
당신의 얼굴만 보아도
대충은 알 수 있습니다
나를 어떻게 생각하는지

오늘을 살며

심난한 마음을 골라
비울 줄 알게 되어
오늘은 어제보다
조금 더 행복했습니다.

날아갔던 좋은 생각들이
부메랑이 될 것을 믿기에
내일은 오늘보다
조금 더 행복할 것입니다.

다잡기

도대체 왜 저럴까요
진짜 이상한 사람들이지요
마음 속 재잘거림이
심난하게 하지요

마음 길이 통하여
이해할 수 있는 사람들만
끼리끼리 바라보며
살 수는 없을까요

그럴 수도 있고
그러려니 하는
체념을 동반한 무관심은
어디로 갔을까요

모두 다
사랑할 순 없지요
그치요
모두 다 미워할 수도 없고

시작을 위하여

지금까지
걸어온 길보다
가 보지 않은 길이
얼마나 많을까요.

핑계와 탓으로
내 안에 박제되어 있는
숨죽인 가능성들은
또 얼마나 많을까요.

여전히 살아 내야 하는
정답 없는 삶을 위하여
또 얼마나 많은
시작을 해야 할까요.

부지런한 사람들

새벽을 여는 사람은
가난을 않고 살아간다
청소부 아저씨가 그렇고
두부 장수가 그렇고
직장이 먼 사람이 그렇고
시인도 그렇다.

새벽을 여는 사람은
행복을 않고 살아간다
지난한 삶을
부지런한 사명감으로
너도 그렇게 나도 그렇게
지금 여기를 채운다.

사랑 나누기 2

돌고 도는 지구에서
늦은 것이 있을 수 없잖아
그 자리에서 기다리면
다시 돌아올 테니까

어떤 사랑은
뒤늦게 밀려오기도 해
변치 않는 마음으로
꾸준히 되풀이해 봐

지금 여기서
나누지 못한 사랑은
한 바퀴 돌아서
다시 오잖아

정답正짭

밤하늘의 별들
크기도 밝음도
모두 다르겠지요

산속의 나무들
크기도 모양도
모두 다르겠지요

꾸며 놓고 사는 모습
색깔도 생각도
모두 다르겠지요

같은 것이 아니라
다른 것이 정답이에요
다르게 살아요 나답게

어려운 일

지킨다는 건
바라만 보는 게 아니야
햇빛 드는 날엔
바람이 지나가게
문을 열어야 해

지킨다는 건
앉아만 있는 게 아니야
삶의 찌꺼기들을
수시로 비워 내며
청소도 해야 해

작은 것 하나
지키기도 힘든 거야
빛바랜 색으로
덧칠하며 지나가는 시간
그 무서운 침략자

화장품과 영양제로
수많은 방패로
시간에 맞서 보지만
어쩔 수 없는 걸 알잖아
그냥 지금 여기서 살아

토닥토닥

오늘도 많이 힘들었나요
어떻게 해요
매일매일 그렇게 힘들어서

내버려두면
모든 것은 스스로
제 방향으로 흘러가요

시간에 그냥 맡겨 두세요
빠를 것도 없고
늦을 것도 없잖아요

살아간다는 건
시간에 맞춰 흘러가는 것
당신도 흐르고 있잖아요

비 오는 날

강줄기는 커다란 술잔
모서리가 조금 깨어져
들판에 버려진
투명 술잔

깨어진 모서리마다
술 길로 잔을 채우며
나그네를 유혹하는
어둠의 강

취해서 비틀거리는
풀잎 그리고 바람
더불어 함께 시간을 잊은
철새 한 마리

어쩌면

매일매일 목표를 향해
옮기는 발자국마다
어쩌면
우연이라는 것이
우리를 기쁘게 할지
모르는 일이잖아

일찌감치 선택하여
힘겹게 안고
먼 길을 가는 것보다
어쩌면
미루어 놓은 선택이
더 좋을지도 모르는 거고

수시로 변하는 마음 탓도 있겠지만
정해진 것은 아무것도 없어
어쩌면

자신이 빚은 그릇에
주어진 것들을 담기 위한
수습 기간일지도 모르고

시인詩人이여

전원을 연결하지 않아도
멈추지 않고
인류의 시작에서부터
멀고 먼 후일까지
죽음으로 가는 길을
사유思惟하는 그대

바람과 구름
그리고 물과 안개에
감춰진 이야기들을
사랑의 아픔으로 승화시켜
오늘을 다독이며
내일을 열고 있는 그대

나무 한 그루

씨앗은 뿌리면
언젠가는 거두어들이는
변곡점이 꼭 있어

꽃들이 진 자리마다
작은 열매들이
귀여운 숨바꼭질을 하고 있잖아

열매를 품은 잎사귀는
병아리를 감싼
어미 닭의 날개

키움과 자람의 조화
세상의 모든 것을
한 그루의 나무가 품고 있어요.

힘들지

출근 시간인데 지하철에 기대
순간에 지나가 버리는
어둠과 밝음에게
늘킨 숨 보내고 있는
젊은이여

등산복 입은 내가
참 미안했어
나도 팍팍한 삶이라
산그늘의 넓은 품에 안겨
시름을 버리고 싶었는데

산이라도 갈 수 있는
육체의 자유가
네게는 부러움이겠지
구속의 사슬을
잃어버린 나이는 모르겠지

그렇지만 말이야

시간은 충분해

하다가 안 되면 그만두면 되고

살아 있기만 하면 뭐든 돼

웃자 너도 나도

※ 늘키다: 시원하게 울지 않고 울음을 참으면서 느껴 울다

향유享有

바닷가 모래밭은
치유가 머무는 곳
괜찮다 모두 괜찮다고
토닥토닥 토닥이는
잔물결의 위로

수없이 쏟아 내는
사람들의 한숨과 눈물을
물거품으로 만들어 날리며
푸르른 얼굴로
웃고 있는 바다

오늘도 바다는
긍정의 고갯짓으로
끄덕끄덕
세상의 끈에 매달려
그네를 탄다

※ 향유(享有): 자기의 것으로 소유하여 누림

나에게 너는

봄바람이
슬며시 꽃을 피우듯
여름 바람이
세찬 소나기를 몰고 오듯
가을바람이
서늘하게 잎사귀를 떨구듯
겨울바람이
쓸쓸하게 눈송이를 날리듯

까마득히 내려다보이는
길모퉁이에
네 모습 보이지 않아도
바람의 방향이 바뀌는
그때가 되면
한 잔의 차를 준비하며
마냥 행복해할 수 있어
나에게 너는

자석

떨어져 있을 땐
알지 못했어

서로 다른 걸 내밀어야
끌린다는 걸

서로 같은 걸 내밀면
밀치기만 하는

꼭 붙어 지내기 쉽지
사랑도 그래

제5부 파도 _ **부서짐**

잊는다는 것

머릿속에서 잔소리하는
산란한 기억들만
고르고 골라 잊어버리는
그런 사람 있을까요

잊어야 할 것들은
자리 잡고 앉아
시도 때도 없이
찔러 대지요

시간이 약이라고요
거짓말하지 마세요
잊히진 않아요
먼산바라기로 살아갈 뿐이지요

존경尊敬

널 기다리며
낮에는 잘 몰랐는데
밤이 되니 너무 무서워
기댈 곳도 없고

어둠 속에서 나타날
실낱같은 믿음을 갖고
좀 더 기다려 보고 있어
너무 춥고 무섭지만

시간이 없는 것이 아니라
마음이 떠난 건
아닌지 몰라
세속에 편승해서

기적奇跡

고향 집 상수리나무 밑
깨어진 항아리
언제부터 놓여 있었을까
봄바람이나 빗물이
때로는 낙엽이나 하얀 눈이
항아리를 채웠었지

다람쥐의 저축 통장이 되어
생쥐의 표적이 되기도 했었지
벌레가 기어 들어와
죽기도 했고
나뭇가지에서 놀던 새들의
깃털이 날아들기도 했어

얼마나 시간이 흘렀을까
항아리엔 흙이 채워지고
들풀이 어울려 살고 있었어

몇 마리의 곤충도 함께
위대한 기적이지
우리네 삶처럼

집

좋고 나쁜 집이
어디 있어

어떤 마음으로
사느냐가 중요하지

있기만 해도
좋은 거지

거짓말

내가 어릴 때
어른들은 이렇게 말했지
열심히 공부해 두면
나중에 네가
중요한 목표를 이루는 데에
큰 도움이 될 거라고

내가 어른이 되어
알게 된 것은
돈 많이 버는
직업을 가진 사람이
멋진 사람이라는 거야
그 자체가 목표라는 거지

부여인이여

궁남지를 지키는
늙은 버드나무에 기대어
귀 기울여 들어 보라.

부소산 태자골의
고즈넉한 산길을
발소리 죽여 걸어 보라.

겸손하지 못한 탓으로
관중이 모두 떠난
슬픈 연가를 들어 보라.

지킨다는 건
품는다는 것
모두 함께한다는 것이다.

고향이 갖지 않아도
우리가 될 수 있는
울타리를 만들어 보라.

정부政府

젖꼭지 수보다
더 많은 새끼를 낳은 어미
배고파 낑낑대는
어린 것들이 안쓰러워
어르고 달래 보지만
커져만 가는 배고픈 울음

젖꼭지를 입에 물어
젖살이 오른 새끼와
눈도 못 뜨고
젖꼭지를 찾아 헤매는
비루먹은 새끼
처절한 나눔의 민주주의

늦깎이

해거름에 길을 나서며
빠르게 어둠이 덮는다고
그대여
두려워하지 말아요.

우리의 사랑이
별빛 초롱을 들고
그대의
앞길을 비추고 있잖아요.

타인의 뒤를 다독이는 건
사랑을 심는 일
그대여
지나간 전리품은 모두 비슷해요.

지하철 안에서

앉을 자리도 못 찾고
차창에 기댄
그대의 모습이
참 지쳐 보이네

자리를 양보해도
사양할 것이 뻔해서
그냥 앉아 있었어
너무 젊어 보였거든

밝음과 어둠을 움켜쥐고
갈마드는 움직임과 멈춤
나도 그렇게 지나왔어
지금은 행복하거든

참 신기한 일이야
시간이 모두 가지고 갔는데
마음은 편해져
빈 곳이 많아야 행복한가 봐

머문다는 것

한곳에 머물며
슬픔과 아픔은 모르고
아름다운 것만 보고 느끼며
여행객으로 살 순 없을까

바람을 데리고 노래하는 강이
지난밤 사랑을 잃은
소녀를 삼켜 버린 걸
여행객은 모르리라

낚시를 하고 있는
오래된 버드나무가
슬픔을 함께 낚고 있는 걸
여행객은 모르리라

머문다는 것은

슬픔과 아픔까지도
사랑으로 덧칠해야 하는 걸
여행객은 모르리라

꽃잎의 노래

꽃잎 떨구어야
열매가 맺는 걸
모르는 바보가 어디 있겠어
다 모르는 척
이렇게 사는 거지.

씨앗이 여물면
떨구어야 하는 걸
모르는 바보가 어디 있겠어
다 모르는 척
이렇게 사는 거지.

꽃잎이건 씨앗이건
떨어지는 모든 것들에게
슬픔으로 배웅할 필요도 없잖아
다 모르는 척
이렇게 사는 거지.

수국水菊에게

이곳저곳 뜯어 고쳐
아름답게 핀
수국 너보다
씨앗 없는 너보다

무겁게 꽃대 올린
나리꽃
네가 더 예쁘다
씨앗이 있어서 예쁘다

홀로서기

옆으로 뻗은 가지를
모두 잘라 내고
줄기만 남겼다
생채기가 너무 많아
시간이 좀 필요하다

밀려오는 외로움과
관계에 대한 꿈틀거림을
독서와 사유로 채우며
홀로서기를 위해
자아自我를 다독인다

완벽한 고독은
끊어 내는 아픔을 동반하고
혼자 할 수 있는 것들로
빈 곳을 채워 가며
타박타박 걷고 있다

성공한 사람

사랑하는 일이 있고
믿어 주는 사람이 있고
잘하는 것이 있어서
위대한 꿈을 이루기 위해
매일 같은 시각에
침대에서 벌떡 일어나는 사람

어디에 있든지
나이가 몇 살인지는
아무 상관이 없어
눈 비비고 일어나
웃음으로 하루를 여는
참 멋진 성공이지

아름다움에 대하여

아름답게 잘 가꾼 몸을 간직하고
무사히 무덤까지 도착하는
그런 사람이 어디 있겠어
그건 인생이 아니지

완전히 소진되어
마르고 지친 상태에서도
행복했었노라고
다독이는 게 인생인 거지

알고 있니

이기면 어떻고
지면 어때
우리만의 기준을 만들어
맞춰 가며 사는 거야

어떤 색깔을 좋아하고
무엇을 먹고
통장의 잔고가 얼마인지
아무도 신경 안 써

괜히 혼자서
좋아하기도 하고
좌절하기도 하고
야단법석 떠는 거지

사랑은 산이다

산에 나무가 없어 봐라
산에 바위가 없어 봐라
어우러진 숲이 없어 봐라
그것이 산이겠는가.

사랑에 갈등이 없어 봐라
사랑에 아픔이 없어 봐라
어울림의 조화가 없어 봐라
그것이 사랑이겠는가.

사는 일

금방이라도 내려앉을 듯
삐거덕거리며
돌고 있지만
당신이 가는 곳까진
잘 갈 수 있어
고장 난 것이 아니라
원래 불협화음이니까

가고 있는 곳이 모두 같은
정해진 여행길에
이야깃거리가 되어
당신을 기쁘게 할 수도 있고
머물게 할 수도 있어
귀찮은 소음들 속에서
고르는 재미도 있으니까

어느 소녀에게

빨리 먹물을 묻히고 싶어 하는
화선지를 쓰다듬으며
원하면 무엇이든
쓰일 수 있다는
상투적이고 낙관적인
말로 속삭이지 않을래요.

햇살처럼 눈부시던
젊음이 가고 나면
간절히 원했던 것들보단
살아 내기 위해 쌓아 둔 것들이
전리품으로 남는다는 걸
이제는 알고 있으니까요.

허무하기도 하고
조금은 슬프기도 하지만
그래도 남아 있는 것들이

비밀스런 의미를 품고
그리움의 미소를 만들며
외롭지 않게 하니까요.

마지막 소원

시끌벅적
유명하지는 않게
모든 이에게서
잊히지도 않게

향수에 젖어
추억을 소환할 때
누군가의 기억 속에서
살아 숨 쉬었으면

제6부 파도 _ **사라짐**

슬픔 그리고 잊음

지나간 슬픔이
모두 잊힌 건 아니야
봄엔 아름다움으로
여름엔 푸름으로
가을엔 넉넉함으로
겨울엔 단단히 싸매어
감추고 다독이며 살아갈 뿐이지

과거의 그늘들이
세심한 머뭇거림을 만들지만
시간의 성난 장난에
무너진 돌담 사이로
바람이 지나갈 때면
허허로운 마음 달래며
눈물도 말라 가거든

꼰대

별 볼 일 없게 된
믿음이 들킬까 봐
꼬장꼬장하게 붙들어
굳어 버린 언어

연식이 오래된 자동차가
수시로 고장이 나듯
생각도 낡으면
신호를 보내 주면 좋겠어

어린이 놀이터

깔깔거리며 웃다가
발끈 성내다가
서운하고 슬펐다가
갸웃거리며 고민하는
온 세상의 축소판

그런데 참 다르다
웃고 우는 것도
성내고 고민하는 것도
오래가지 않고 짧다
모두 함께한다

여인숙旅人宿

해가 뜨면
모든 것이 리셋되는 곳

어떤 것도
책임지지 않는 곳

낯선 곳과의 타협
그 숨 돌림

무너져 내림에서
삶의 의미를 찾는 곳

비상구

지금보다는
조금 더 길게

조금 더 진득하게
살아가 보자

그대도 나도
그러면 많이 달라질 거야

허허로운 마음이
웃음꽃으로 채워질 거야

돈

아무런 표정 없이
변함없는 목소리로
얼마인가

다를 것 없는
비슷비슷한 출구
얼마인가

한국인

뿌리를 잃었다
닻을 내릴 곳을 잃었다
오직 남은 것이라곤
생명을 유지하고
새로움에 허덕이며
비우고 즐기는 일뿐이다

살아 있는 자들에게서
찾을 수 없는 것들을
죽은 자들과 나누는
침묵의 대화에서
위로의 토닥임을 받지만
작고 약하고 힘이 없다

유턴할 수도 없다
돌아갈 곳도 없고
스스로 만든 놀이터에서

너는 너대로 나는 나대로
유영遊泳하며 놀다가
주어진 시간을 끝내면 되는 거다

비밀秘密

기대고 싶은 것이
점점 많아지는 것이
나이 먹음 같아요

사소한 일에서
날카로운 의미를
쉽게 찾아내기도 하고요

아이들마냥
들풀들의 미소와
쉽게 어울리기도 하고요

세상의 모든 것을
다 알아 버린 듯
숨 고르기를 할 때도 많고요

강바닥에 가라앉은

퇴적물들을 뒤적거려
나만의 의미를 찾기도 하지요

그래요
맞는 말이었어요
다 사람의 일이었어요

돌탑

정말 고결한 것은
말로 설명할 수 없어
눈으로 확인하고
마음으로 느끼는 거지

얕은 지혜를 가지고
높은 차원의 영성靈性을
헤아리기도 힘들고
함부로 판단해서는 안 되겠지

오늘을 살며

좋은 것과 나쁜 것을
구획 지어 나누지 말자.

좋은 습관과 나쁜 습관을
단정 지어 말하지 말자.

자신이 누구인지
질문을 하지 말자.

타인들의 눈에 나를
구겨 넣지도 말자.

오늘을 살며
웃을 수 있으면 된 거다.

돌아가는 거야

어려워하지 마
두려워하지도 말고
돌아가는 이 시간을
지구도 돌고
시계도 돌고
너도 나도 돌아가는 거니까.

회오리치는 바람에
빙글빙글 돌며
춤추는 모습이 다 같아
모든 것이 자연이니까
오늘은 그냥
집으로 돌아가 편히 쉬어.

늙음

몸과 마음이 아프면
너는 느끼지 못하고
오로지 나만 느끼는
내 아픔인데

참 이상한 일이지
내가 늙어 가는데
내게는 보이지 않고
왜 네게만 보이니

무서운 세상

어머니는 내게 말했지
나라를 빼앗겼을 때나
전쟁이 일어났을 때
이웃에 살던 사람들이
더 무섭다고
사람 조심하라고

어머니는 내게 말했지
나라를 빼앗겼을 때보다
전쟁이 일어났을 때보다
지금 세상이
더 어수선하다고
몸 낮추고 입조심하라고

타향살이

어느 시인이 말했지
껍데기는 가라고

껍데기 없는
알맹이가 있을 수 있니

껍데기가 있어서
알맹이가 있는 겨

나이 먹음

번뜩 정신 차리니
도둑맞은 것들이 너무 많다

눈에 보기에는
모두 제자리에 있는데

왜 이리 못쓰게 되었을까
나 원 참

혼魂

용기 내어 찾아갔다가
숨 고르기 하며 참던
안타까움의 눈물을
강물에 뿌리며 왔어요

주어진 모래시계를
스스로 깨뜨려 버리는
많은 죽음들을
얼마나 더 바라보아야 할까요

보내지 않았는데
자꾸만 사라져 가는 인연들을
어찌할까나
어찌할까나

지금 할 일

자주 웃던 사람도
많이 가졌던 사람도
잘나고 못난 사람도 모두
세상 밖으로 떠났다.

자주 울던 사람도
가난한 시인도
너도 나도 모두
세상 밖으로 떠날 거다.

그러니까 떠나기 전에
꼭 할 일이 있다
타인을 사랑하듯
자신을 사랑해 보는 거다.

구관조

죄수복은 입고 있지 않지만
앞서 간 사람들이
제멋대로 만들어 놓은
새장 안에 갇혀
종신형을 살다 가는 우리들

거꾸로 뒤집힌
새장 속에서
숨을 헐떡이면서도
연명을 위한 구걸의
장송곡을 부르는구나

문門

참 신기한 일이야
보이지 않는 문들이
왜 이리 많은지
진즉趁卽엔 몰랐던 일들이야

시간과 장소에 따라 다르게
잠시 만들어졌다 사라지는
신기루 같은 바람
그 공허함의 실체

닫는 것과 여는 것에 대한
불확실의 미로
헤아릴 수 없이 많은
인생길을 만들어 내는 요지경

혼자 있어 봐

괴롭거나 슬픈 일은
달콤한 아이스크림과
대화로 풀어 봐
무작정 걸으며
땀으로 빼내어도 좋고

괴롭거나 슬픈 일을
주저리주저리 엮어
타인의 목에 걸어 주면
화려하게 빛나겠지
좋은 일도 아닌데